LE PAPE

L'EMPEREUR

ET L'UNIVERS

PAR J. ONNÉE

Defunctus adhuc loquitur.

PARIS

E. DENTU, LIBRAIRE-ÉDITEUR

PALAIS-ROYAL, 13, GALERIE D'ORLÉANS

—

1860

Voici une brochure de bonne foi. Nous venons « *Sine ira et studio,* » comme disait Tacite, parler du journal l'*Univers.* Ce journal avait, parmi les défauts qui assaisonnent les choses humaines, deux qualités supérieures et que nous devons proclamer ici : « Être franc et savoir ce qu'il voulait. » Nous parlons du Pape pour montrer que le Pape aimait l'*Univers* comme il en était aimé. D'ailleurs, point de politique. Nous ne ferons que dire ce qui nous est venu dans le cœur à la suppression de ce journal. L'*Univers* étant remplacé, il n'y a aucun inconvénient à livrer au public ces quelques pages sans malice d'un jeune homme inconnu.

Plusieurs trouveront, sans doute, le titre bien ambitieux pour venir d'un jeune homme. Ce n'est pas à nous qu'il faut s'en prendre, et nous-mêmes n'eussions guère pensé à intituler ainsi ces premiers coups de plume, si, le jour même de la suppression de l'*Univers*, un lecteur du *Siècle* ne s'était mis à crier devant nous : « *Le Pape est sauvé ! l'Empereur est sauvé ! l'*Univers *n'est plus !* » Puissent le Pape et l'Empereur être sauvés par la suppression de l'*Univers*, et le *Monde* sera le premier à applaudir, et nous joindrons notre voix à la sienne. Mais, s'il n'en est point ainsi, puissent ces pages n'être funestes à personne et plaire même à quelques-uns. Je parle à mes amis. C'est pour eux que j'ai écrit.

J. ONNÉE.

LE PAPE

L'EMPEREUR ET L'UNIVERS

⎯⎯⎯⎯⎯⎯⎯⎯⎯⎯✧⎯⎯⎯⎯⎯⎯⎯⎯⎯⎯

L'Univers enterré par *Figaro*.

Le *Figaro* a fait à l'*Univers* de belles funérailles *à la française*, entendons-nous, Messieurs, et non point à la chinoise (1) ni à la normande. Je vous dirai même que l'article de cette feuille m'a assez agréablement surpris pour que je ne puisse résister au désir de vous le citer en entier, tel quel... Voici :

« L'*Univers* est supprimé.—Au point de vue littéraire, qui est le seul de notre compétence, nous regrettons la plume vaillante et coloriste de M. Louis Veuillot. — C'était un écrivain, et aujourd'hui cela n'est plus contesté.

« Si nous abordions le point de vue théologique, politique et religieux, nous n'aurions pas de peine à démontrer que le silence de l'*Univers* est une calamité pour les ennemis de l'Église. — Jamais Voltaire et ses disciples n'ont pu porter dans les consciences d'aussi terribles ravages. — Je le dis après un évêque ; mais je le pensais avant lui.

« Le système de l'*Univers* est fort simple; il ramassait les projectiles de l'ennemi et s'en faisait une arme. Si on lui jetait dans les jambes le petit Mortara, il retournait le petit Mortara contre ses adversaires : « Impies et aveugles étaient ceux qui ne voyaient pas combien il était heureux d'avoir été baptisé par sa cuisinière, — une sainte fille. — Si on avait laissé le petit Mortara grandir dans l'hérésie, il aurait peut-être fini par ven-

(1) L'auteur ayant été obligé de supprimer un premier article, *le Journalisme en Chine*, comme plusieurs autres choses, ce mot à la *chinoise* a besoin d'un petit commentaire. Il faut entendre que le *Figaro* a parlé d'une manière franche, loyale, désintéressée.

dre des lorgnettes ; maintenant, c'est un lévite du Seigneur, il parle comme le jeune Éléacin. » Quant au père et à la mère Mortara, l'*Univers* s'en souciait aussi peu que d'une coquille de colimaçon, et il est même arrivé à l'*Univers* de les traiter d'ingrats.

« L'*Univers* était ainsi fait. Il dédaignait les habiletés, les dissimulations et les réticences des autres feuilles, et si le type de Tartuffe a encore ses représentants dans la génération actuelle, personne plus que M. Veuillot ne fut exempt des honteuses hypocrisies. C'était un homme solide et tout d'une pièce. Rien ne l'embarrassait, parce qu'il tirait gloire de tout ce qu'on lui opposait. Je n'ai jamais vu l'*Univers* se dérober qu'une seule fois ; c'était à propos de l'infaillibilité des Papes. Le nom d'Alexandre II est venu sous sa plume, et il s'est borné à dire que ce Pape avait dû être calomnié par les écrivains protestants. Ce procédé m'a paru faible ; mais l'article n'était pas de M. Veuillot. — On a beaucoup reproché à M. Veuillot les formes agressives de sa polémique. — Autant eût valu lui reprocher d'être sanguin ou lymphatique. M. Veuillot apportait dans la discussion une nature et un tempérament. On peut chercher et on trouvera dans l'ensemble de ses œuvres littéraires des pages d'une suavité et d'une tendresse inexprimables.

« Mais sur le terrain catholique, il avait l'emportement d'un sectaire. Dans tous les cas, s'il y eut système, ses vues ne furent point trompées. Avant lui, les dissensions théologiques étaient tombées au niveau des tragédies qu'on ne daigne même plus critiquer. Il a réveillé le monde endormi, il a passionné ces questions abandonnées de tous, et, s'il a tué son journal, il lui a fait de belles funérailles.

« Qu'il y eût évidemment calcul, ce fut dans l'exploitation de la personnalité. M. Veuillot disait ceci : Quand je m'épuiserai à démontrer en huit colonnes, avec l'éloquence de Bossuet et l'onction de Fénelon, que le Pape tient son pouvoir d'une tradition non interrompue depuis le Calvaire, je ne serai jamais lu par des catholiques qui, en fait de cantiques, ne connaissent que les *Bottes à Bastien*. Il faudrait donc rouler les vérités éternelles dans une sauce assez épicée pour réveiller ces palais blasés. — Parbleu ! j'y suis ; je vais lutiner Janicot et turlupiner Labédollière. Janicot répondra d'un air piteux ; Labédollière ripostera crânement, et la galerie s'assemblera pour juger les coups. Une, deux, touché ; attrape, Janicot ! Et toi, Labédollière.

« M. Veuillot excellait dans ces pugilats, et en tapant sur la tête de l'impie, il lui arrivait souvent d'amener les 500. — Voilà un beau coup, disait la galerie. Garçon, l'*Univers !*

« C'est ainsi que **M.** Veuillot avait réussi à faire beaucoup de bruit autour de son journal; mais lui-même ne se faisait pas illusion sur l'état d'une cause qui ne pouvait vivre que de remèdes héroïques; mais il se glorifiait, j'imagine, d'avoir vaincu le silence et triomphé de l'indifférence en matière de religion.

« On m'a assuré que ces violences de plume ne dépassaient pas l'écritoire de **M.** Veuillot, et qu'en dehors de l'éreintement théologique, c'était l'homme du monde le plus doux, le plus tolérant, le plus équitable. Il était implacable à la bêtise; mais il avait en estime particulière quelques-uns de ceux qu'il accablait publiquement. Dans tous les cas, c'est une figure très-curieuse et très-accentuée qui vient de disparaître de la presse.»

Figaro, vous le voyez, Messieurs, reste toujours *Figaro*; mais n'est-il pas étonnant que, tout en restant *Figaro*, il ait trouvé de si belles choses à dire sur l'*Univers*, et celui qui était l'*Univers* personnifié. Je pourrais objecter à l'évêque et au *Figaro* pensant que jamais Voltaire n'a porté d'aussi terribles ravages dans les consciences que l'*Univers*, cette autre parole d'un prélat éminent par sa sainteté et sa science : « L'*Univers* est une grande institution catholique. » Et dire que je le pense avec lui, mais que je ne le pensais pas avant lui. Je pourrais demander au *Figaro* combien sincères croit-il les larmes du journal le *Siècle* sur ce pauvre petit Mortara, *qui a fait* passer tant de nuits sans sommeil à plus d'un rédacteur de la presse parisienne? Je pourrais relever mille et une chose de son article, lui montrer, par exemple, que souvent Labédollière répond*ait* d'un air plus piteux que **M.** Janicot, et que bien souvent il bais sait l'oreille; mais j'oublie tout ce que ce journal a mal dit ou a dit de mal de l'*Univers*, car c'est lui qui, de toute la presse P arisienne, a fait à l'*Univers* les plus belles funérailles. Comm^e le *Figaro* est, je n'en doute pas, quelque chose de chrétien encore, je veux lui montrer que le Pape aimait l'*Univers* autant que beaucoup le détestaient, ce qui, n'en doutez point, Messieurs, est le meilleur des suffrages. Il me souvient que cet ex-juge de paix assez audacieux pour citer un évêque, un auguste évêque, devant la justice du pays, **M.** Havin, oui, **M.** Havin s'est vanté d'avoir pour lui la partie la plus éclairée du clergé. Eh bien ! j'en atteste la bonne foi du *Figaro* et son spirituel bon sens : ne peut-on pas dire que c'est le diable qui tient la chandelle pour éclairer cette partie du clergé havinien? Où sont-ils les prêtres haviniens? Comptez-les ! Et les évêques haviniens, où sont-ils? Ah! mais, plutôt le Pape ne serait — il point du parti de **M.** Havin?...

Le Pape et M. Veuillot.

M. Veuillot est un converti, chacun le sait et beaucoup l'aiment assez peu pour cette cause ; c'en est une pour moi de l'aimer davantage. Saint Paul n'était-il pas un converti? Fougueux, rageur, ces épithètes hebdomadaires à l'adresse de l'*Univers* et de M. Veuillot surtout, ne furent-elles pas aussi adressées au grand apôtre? Mais qui l'a traité d'hypocrite, de tartuffe, ce mot que le *Siècle* donnait souvent comme des raisons, quand il ne savait que dire des injures ? Ces épithètes étaient-elles à l'adresse de M. Veuillot? quelquefois, fort peu souvent ; on aimait mieux les jeter à la face de ses collaborateurs. Il est vrai que ni les uns, ni les autres ne la méritaient. Mais pour M. Veuillot, plus souvent on l'appelait le fougueux, le rageur orateur de l'*Univers*, et même il est arrivé de voir un journal faire son plus bel éloge en croyant lui jeter une grosse injure. Il l'appelait le preux de la Sainte-Vierge. Oui, c'est là son titre de gloire. M. Veuillot a été et sera toujours un preux de la Vierge! C'est la Vierge qui l'a converti ; c'est la Vierge qui, de ce pauvre enfant de Boynes, a fait un des grands hommes d'un grand siècle ; c'est elle qui l'a soutenu et affermi dans ses combats ; c'est elle qui lui a valu ses plus beaux triomphes. La Vierge aimait son chevalier. N'était-ce pas juste? Ne combattait-il pas pour elle! Il me semble voir l'illustre écrivain se jeter à genoux devant une modeste image de Marie, et se relever le front radieux. Il avait prié. Il pouvait écrire. La prière est l'arome du style. Voilà pourquoi M. Veuillot était un écrivain! Voilà pourquoi le Pape l'aimait. Le Pape aime celle dont il a promulgué le plus beau titre de gloire : l'Immaculée-Conception, cette croyance de tous les saints. Le Pape aime donc tous ceux qui défendent la colonne de l'Église et l'étoile de la mer. Et, l'*Univers* la défendant, n'était-il pas pour le Pape comme pour l'évêque d'Arras « une grande institution catholique. » Qui, en effet, a jamais aimé d'amour la Vierge Marie sans aimer l'Église romaine, mère et maîtresse ? L'*Univers* aimait donc le Pape comme il en était aimé. Ce n'est point ici le lieu de rapporter des faits que chacun connaît ; rappelez-vous seulement les gracieuses paroles du Pontife quand on lui présente un des beaux ouvrages de M. Veuillot. J'entends parler de la vie d'une humble fille, de Germaine Cousin. Puisse cette grande sainte consoler l'homme qui écrivit si éloquemment sa vie ; car, depuis le jour où Dieu enleva à M. Veuillot la première de ses enfants, ce ne sont ni les malheurs domestiques, ni les injures de ses ennemis, ni les chagrins politiques qui ont manqué à cette grande âme et à ce noble cœur. Et, disons-le, il n'en a point été abattu ; son espérance n'est-elle pas, en effet, dans les cieux ? Et comme nul ne sera couronné que celui qui aura combattu, combien belle sera sa couronne, car combien vaillamment il a combattu !

M. Veuillot et l'Empereur.

M. Veuillot acclama l'Empereur ; c'est un fait accompli (1). Mais le Pape lui-même n'est-il pas devenu le parrain du prince impérial ? Quel catholique s'aviserait de reprocher au Pape ce fait accompli. Il y a tant de faits accomplis dans la vie d'un homme, que bienheureux celui qui, comme le Pape, ne passe qu'en faisant le bien et en disant ces mots admirables de la séraphique Thérèse, mots plus sublimes que tous ceux du Portique : « O Christ ! ou mourir ou souffrir pour toi ! » Bienheureux celui qui envers le pouvoir ne s'est pas montré plus officieux que M. Veuillot. L'entrevue de M. Veuillot avec l'Empereur est un fait accompli sans reproche. M. Veuillot est mandé aux Tuileries. M. Veuillot arrive, l'Empereur l'attend ; une heure tout entière, ils conversent ensemble et, quelques jours après cette entrevue, paraissent les fameux articles contre l'Angleterre. Les articles de L. Veuillot étaient la pensée de tout un peuple rendue par un homme assez vraiment homme pour la rendre dignement. Le publiciste et l'Empereur pensaient alors l'un comme l'autre ; la France applaudissait ; c'était à peine si quelques voix discordantes se mêlaient à ces applaudissements sincères. Et, si pareils jours pouvaient revenir, moi aussi j'applaudirais.

M. Veuillot et la liberté.

Le meilleur moyen de louer un auteur c'est de citer ses propres paroles. Nous allons bientôt citer un des derniers articles de M. Veuillot et l'un de ses plus remarquables. C'est comme la prophétie de l'illustre publiciste. Mais écoutons-le auparavant se laver lui-même. De quel reproche ? Le voici : « Nous sommes, dit Louis Veuillot, entourés de sages qui ont peine à ne pas

---

(1) Pourquoi certains catholiques voudraient-ils lui en faire un reproche ? Le programme du 2 décembre fut celui-ci : « La France veut la religion, la famille, la propriété. » Certes, programme ne pouvait être plus beau ni plus digne d'être suivi.

triompher un peu devant nous, de tout ce qui arrive. Sans cesse ils nous répètent : je vous l'avais bien dit ! Ce qu'ils ont fait pour l'empêcher ou ce que l'on pouvait faire ils ne le disent pas. Sans doute, leurs prévisions se trouvent aujourd'hui moins déjouées que nos vœux. Cependant il y a de plus grands malheurs et de plus grandes hontes que de s'être trompé dans l'espérance du bien. Notre confiance étant sincère nous ne regretterions pas de l'avoir laissée paraître, quand même elle aurait compromis quelque chose. Nous cherchons encore ce que nous aurions pu gagner en prenant une attitude d'hostilité que la conscience ne nous commandait pas. Nous n'avons point fait la guerre, nous n'avons point demandé de faveurs, nous n'en avons point reçu. On dit que nous aurions dû combattre pour la liberté. Quelle liberté ? S'il s'agit de la liberté de l'Église, nous ne croyons pas lui avoir réfusé nos humbles efforts ; nous ne croyons pas qu'elle ait eu des défenseurs plus constants. Nous n'avons reculé devant aucun de ses adversaires. Mais contre qui a-t-il fallu principalement la défendre ? Contre les libéraux. Quelques catholiques ont tendu la main au libéralisme. Leurs avances ont été médiocrement accueillies, et les profits en ont été médiocres. Ils ne se trouvent pas aujourd'hui, sans doute, moins éloignés que nous du *Siècle* et du *Journal des Débats*, nous ne sommes pas notablement plus éloignés qu'eux de **M.** Villemain et de M. de Sacy. Nos espérances même, lorsqu'elles voulaient s'obstiner, laissaient cependant parler nos alarmes et toutes nos prévisions ne sont pas trahies. Nous disions souvent aux adversaires de la liberté de l'Église, que beaucoup d'entre eux deviendraient un jour des défenseurs, parce que quand l'Église si diffamée, se verrait enfin attaquée, immédiatement la société elle-même se verrait en péril. Nous y sommes ! et tout arrive comme nous l'avons annoncé.

« Nous ne tenons nullement à passer pour de fins politiques. Nous avons le devoir d'être sincères et de dire les choses au jour le jour comme nous les voyons. Il ne nous est pas commandé de lire avec certitude dans l'avenir et de démêler ce qui se cache de plus secret au fond des cœurs. Cependant ceux qui nous accusent d'avoir, volontairement ou non, endormi ou compromis les catholiques, nous permettront d'observer que nous n'avons été ni si abusés, ni si muets qu'ils paraissent disposés à le croire. L'orage qui pèse en ce moment n'a pas été soudain. Toutes les fois qu'il s'est annoncé nous avons parlé de manière à ne pas laisser ignorer qu'il ferait surgir plus de dévouement qu'il ne répandrait de terreur. Rien ne nous serait plus facile que d'en produire les preuves. Nous pouvons, sans redouter aucune dénégation, suivre la prudence qui nous conseille de les ajourner.

Ces simples observations doivent suffire pour faire tomber des reproches fort peu fondés et plus qu'inopportuns, dans un moment où le premier devoir des catholiques est de marcher d'accord. » Ainsi parlait le Démosthène de la presse, la veille même de la suppression de *l'Univers*.

Le Pape, l'Empereur et L'Univers.

Comme le *Figaro* parlait surtout de M. Veuillot, que M. Veuillot est l'*Univers* personnifié ; de même qu'Henri de Larochejaquelein résume la Vendée, Garibaldi la révolution furibonde et dégoûtante, témoin sa proclamation aux étudiants de Pavie, j'ai parlé de M. Veuillot le premier ; mais M. Veuillot, qui dirigeait l'armée de l'*Univers*, avait de bons soldats et des capitaines illustres. J'incline même à croire que ses simples soldats valaient les officiers des autres camps, et ses officiers valaient mieux que les généraux du *Siècle*. L'on me pardonnera bien volontiers cette expression d'armée de l'*Univers*. Tout journal n'a-t-il pas un drapeau, symbole d'une cause à défendre ? Le drapeau de l'*Univers*, c'était la croix, et il pouvait bien se servir de l'épée pour défendre sa cause, c'est-à-dire l'ordre et la liberté des enfants de l'Église. Comme le prince de Condé à la bataille de Rocroy, M. Veuillot communiquait à tous une partie de cet enthousiasme et de cette foi qui animaient son cœur ; aussi se battait-on bien sous ses ordres. Voici en quels termes à peu près le lecteur d'un journal ennemi me fit connaître la suppression de l'*Univers*.

— « Le Pape est sauvé, l'Empereur sauvé, la patrie sauvée, les ministres sauvés, la religion sauvée, l'Italie sauvée ; l'âge d'or va enfin renaître sur la terre... — Mais qu'avez-vous donc, d'où vous vient cet enthousiasme, mon ami, dis-je à cet homme ? — Quoi ! vous n'avez pas lu le *Moniteur*? — Le *Moniteur*, ah ! bah ! je ne le lis plus. — Mais le journal des cagots ? — Mais qu'a de commun le journal des cagots avec le *Moniteur*? — Il est supprimé. — Qui? — Parbleu ! l'*Univers*. » Et là-dessus il se mit à me dérouler toutes les béatitudes que la suppression de l'*Univers* apportait à la terre. *Pax hominibus bonæ voluntatis.* De même qu'en mourant, le Christ attirait tout à lui pour tout sauver ; de même ce brave homme, qui n'est guère partisan du Christ, croyait que le monde allait être régénéré par la suppression de l'*Univers*. L'*Univers* supprimé pour lui, c'était le salut à tous et pour tous. Cet homme était révolutionnaire, plus honnête d'ailleurs que ne le sont d'ordinaire ces gens-là, et il avait lu dans le dernier article de l'*Univers* ces mots sur la révolution, article stupide, selon lui, ni sel ni bon sens ; ce sont ses paroles. Pour lui, dans sa modération et la sagesse de son jugement et de ses mesquines pensées, il voulait que l'Empereur échangeât son titre d'Empereur pour quelque chose de mieux, comme disait autrefois Paul-Louis Courier dans son intéressante proclamation de l'Empire. Il opinait surtout pour qu'on ne laissât au Pape que trois choses : 1° Rome ; 2° les jardins du Vatican ; 3° les catacombes. De plus, il aurait voulu voir tous les curés et surtout tous les évêques sans rétribution gouvernementale. Telles étaient ses idées. Où les avait-il puisées? Il me dit que souvent il voyait M. Havin et compagnie. Il battait donc des mains à la suppression de l'*Univers*, et pleurait de joie, comme Rousseau pleurait de tendresse à la vue de sa pervenche.

Donc, plus d'*Univers*. Réglé... Mais on verra si le brave homme pronostiquait vrai, ou Béranger...

L'*Univers* pour moi c'était une barrière à la révolution, une vigie qui criait à droite et à gauche, à l'Orient et à l'Occident. aux quatre vents du ciel : « Prenez garde à la révolution ! » La voix de la vigie ne se fait plus entendre ; l'*Univers* est mort. Pour beaucoup, c'est un *cher défunt ;* mais ne disons rien, sa vie parle toujours, comme ces morts qui parlent au delà du tombeau. *Defunctus adhuc loquitur...*

« Par cela même qu'elle se déclare anti-chrétienne, c'est-à-dire anti-sociale, la révolution ne saurait être que la plus formidable des guerres civiles. Si Dieu permet que ce terrible étendard soit levé, ce sera la bataille décisive. La France y pourra périr, mais la révolution y périra certainement. Dans ce déchirement immense, la vérité éclatera enfin, et le bien sera le bien et le mal sera le mal. On jugera enfin ces idées, ce progrès, ces doctrines qui ont besoin d'égorger la moitié du monde pour plonger le reste dans la barbarie. Un homme surgira probablement assez vite, plein d'un mépris raisonné pour ces stupides et sanguinaires erreurs, plein d'horreur pour leurs stupides et sanguinaires apôtres. Egalement au-dessus des caresses et des menaces de la horde, il rompra le cours de ses méfaits ; il interdira ces négoces de mensonges, qui se soldent de génération en génération avec du sang ; il fera taire la révolution, non pas par des supplices, mais par des lois et par des mépris, et l'on sera étonné de la facilité de sa victoire. Car rien n'est resté plus vrai en France que cette parole qui fut le programme du 2 décembre : « La France veut la religion, la famille, la propriété. » Or, ces trois choses sont la négation radicale de la révolution. Sous la surface révolutionnaire, il y a un peuple chrétien et qui veut l'être, et le plus chrétien peut-être qui soit au monde ; un peuple qui donne tant qu'on en veut des prêtres, des sœurs de charité et des soldats. Ce peuple ne permettra pas que quelques milliers de mécréants, d'impudents et de scélérats lui arrachent le Christ, et l'honneur et la vie. Là, pour défendre la famille, on trouvera toujours des héros, et pour user la persécution, toujours des fidèles. Le 2 décembre 1851, la révolution a reçu un coup dont elle ne se relèvera pas. On a su sur quel terrain il faut se placer pour la vaincre, et combien aisément elle peut recevoir un maître. Depuis ce jour, elle ne vit plus que de ruses et de tolérance, et toute la force qu'elle a paru reprendre n'est encore aujourd'hui qu'un fantôme. Que ce fantôme devienne une réalité, l'adversaire futur de la révolution y puisera une autre leçon, et qui, pas plus que celle du 2 décembre, ne sera perdue.

« Sans doute, nul ne connaît l'avenir. La Révolution, reprenant le dessus, peut triompher, et, pour mieux dire, peut n'être pas vaincue par ceux qu'elle envahira. Cela dépend du degré de profondeur où ses principes ont pénétré dans les masses ; cela dépend de la gravité des apostasies qu'elle a obtenues : « Dieu punit les crimes par d'autres crimes, qu'il châtie en son temps, toujours terrible et toujours juste. » Alors, la Révolution prolongerait la guerre civile, et la guerre civile, faisant son œuvre ordinaire, dissoudrait l'armée, étoufferait le patriotisme et offrirait à l'étranger une proie facile. Deux hommes bien éloignés l'un de l'autre, dont nous ne rapprochons pas les noms sans une sorte de crainte, comme si c'était, de notre part, outrager le génie et manquer à l'amitié, Béranger et Donoso Cortès, ont entrevu ce résultat des discordes enfantées par la Révolution.

« Plein de patriotisme... républicain, Béranger, dans sa chanson des *Infiniment Petits*, si singulièrement vantée par le *Moniteur*, eut un jour, pour faire pièce aux jésuites, la fantaisie ridicule de prédire l'envahissement de la France par les États-Unis ; mais, la même idée revenant sous une inspiration bien autrement sérieuse, il écrivit le *Chant du Cosaque*. Les admirateurs de Béranger vantent surtout son sens prophétique ; qu'ils écoutent donc leur prophète : « La vieille Europe, dit-il, a perdu ses remparts. »

> Tout cet éclat dont l'Europe est si fière,
> Tout ce savoir qui ne la défend pas,
> S'engloutira dans les flots de poussière
> Qu'autour de moi vont soulever tes pas.
> Efface, efface en ta course nouvelle,
> Temples, palais, mœurs, souvenirs et lois.
> Hennis d'orgueil, ô mon coursier fidèle,
> Et foule aux pieds les peuples et les rois !

« Cette conclusion, que Napoléon, aussi, croyait possible, dictait à Donoso Cortès ces solennelles paroles : « Lorsque la

Révolution aura détruit en Europe les armées permanentes, lorsque les applications du socialisme à la propriété auront éteint le patriotisme en Europe, lorsqu'à l'Orient de l'Europe se sera accomplie la grande confédération des peuples slaves; lorsque, dans l'Occident, il n'y aura plus que deux armées, celles des spoliés et celle des spoliateurs, alors l'heure de la Russie sonnera. »

« Tel est l'avenir de la Révolution et celui qu'elle prépare au monde. Elle façonne le monde pour le despotisme le plus outrageant dont il ait été encore humilié. C'est ainsi que cette basse jalousie, que la Révolution appelle l'amour de l'égalité, sera enfin satisfaite par une servitude universelle où tout rampera dans la boue. Tout, dis-je, et je n'en excepte pas les superbes qui, de nos jours, ont crié : « Plus de Dieu! » Ceux-ci, au contraire, seront les prêtres de l'idole de chair qui s'élèvera sur la tête de l'humanité. Les jeunes hommes pourront la craindre et lui obéir ; ils l'adoreront, ils dénonceront au maître quiconque ne la reconnaîtra pas pour Dieu; ils chercheront à gagner sa faveur en se faisant pourvoyeur de ses bourreaux.

« Et si ce n'est pas la fin de la tragédie humaine, si, après ce triomphe et cette apostasie, il y a encore un avenir pour le monde, le monde se sauvera comme il s'est une première fois sauvé; il se sauvera parce que le Christ aura trouvé des martyrs. Une seconde fois, la liberté descendra du Calvaire, sanglante et immortelle, et elle recommencera d'implanter dans le cœur des hommes les vérités qui seules ont le privilége de les soustraire à l'esclavage de l'homme, parce que, seules, elles les font enfants et serviteurs de Dieu.

« Ah! révolutionaires qui vous faites les ennemis du Christ, quand aurez-vous pitié des hommes, quand aurez-vous pitié de vous-mêmes, votre crime est incalculable et Dieu veuille, pour vous, que vous ne le compreniez point! N'avez-vous rien lu; n'entendez-vous pas le fait qui crie dans toute l'histoire? Jésus-Christ est venu en ce monde spécialement pour les pauvres et pour les petits, pour la foule humaine ; il est venu pour les sortir des ténèbres, pour les délivrer de l'esclavage. Et depuis dix-huit siècles tout ce qui s'est fait contre la loi du Christ s'est fait aussi spécialement et immédiatement contre cette multitude. A chaque coup, elle a été trahie, déshéritée, d'un bienfait du Rédempteur ; l'incrédulité lui ôte et ce monde et l'autre, la replonge graduellement dans l'abîme d'ignorance, d'abandon et de servitude d'où l'Homme-Dieu l'avait tirée, livré au mal et sa chair et son âme. Et si la société pouvait, enfin, s'éloigner du Christ par un crime plus affreux que le premier déicide, ce serait la nuit antique, mais plus épaisse, sans aurore, sans flambeau, sans espoir ; et **Dieu**, pour réaliser l'enfer, n'aurait plus qu'à faire descendre là l'Éternité.

« Nous en demandons pardon à M. de Labédollière, ces idées sont un peu fortes pour lui. La plume est tenue dans les journaux par des publicistes dont certains sont comme ces oiseaux qui ne savent compter que jusqu'à cinq ou qui ne peuvent apprendre que la moitié d'un air. Nous avons voulu leur faire entendre l'air tout entier et leur montrer ce qui est au verso du feuillet révolutionnaire qu'ils récitent par cœur. Après tout, M. de Labédollière et ses semblables ne sont pas de méchantes gens, ni, sauf la langue, de méchants Français ; et ils ont même au fond quelque désir de vivre en paix sans immoler personne. Eh bien ! l'unique moyen de vivre en paix et de n'immoler personne, c'est d'entraver le progrès de la Révolution. Il ne faut point rire lorsqu'elle obtient quelque victoire, car sa victoire définitive inaugurerait des jours qui ne seraient rien moins que gais, même pour elle et pour les siens. Les triomphes de l'iniquité doivent épouvanter tous les honnêtes gens, nous ajoutons qu'ils doivent épouvanter plus particulièrement ceux dont ils satisfont les désirs. C'est alors que la justice suprême s'irrite et s'élève, et prononce cette parole dont toute iniquité en ce monde verra le terrible accomplissement : « Et moi aussi, à vos funérailles, je rirai..... » Si M. de Labédollière et ceux qui rient maintenant avec lui n'entendent point, nous pourrons sans doute, nous autres catholiques, voir de mauvais jours. Mais M. de Labédollière et ceux qui sont avec lui peuvent nous en croire, nous ne verrons rien qui ne nous empêche de les plaindre immensément (1).....

« L. Veuillot. »

Telles n'étaient point les idées de mon brave révolutionnaire et il me dit tout bas à l'oreille : « Ceci est stupide ! M. Veuillot est stupide ! » Tout pour lui était stupide, excepté MM. Béranger, Labédollière, Jourdan et lui-même.

---

(1) Si Bossuet avait été journaliste, aurait-il autrement écrit? Un seul article comme celui-là devait faire tomber bien des haines, toucher bien des cœurs, illuminer bien des esprits ; vraiment, les catholiques doivent être fiers de compter dans leurs rangs un athlète pareil. Eh quoi! serait-ce la biographie de Mirecourt qui me ferait changer d'avis. Laissons Jacquot insulter à qui bon lui semble, et ne craignons pas de témoigner notre amour à cet homme qui n'a plus de bonheur sur terre que celui de consacrer à Dieu et sa plume et sa vie.

Paris, impr. de L. Tinterlin et Cᵉ, rue Neuve-des-Bons-Enfants, 3.